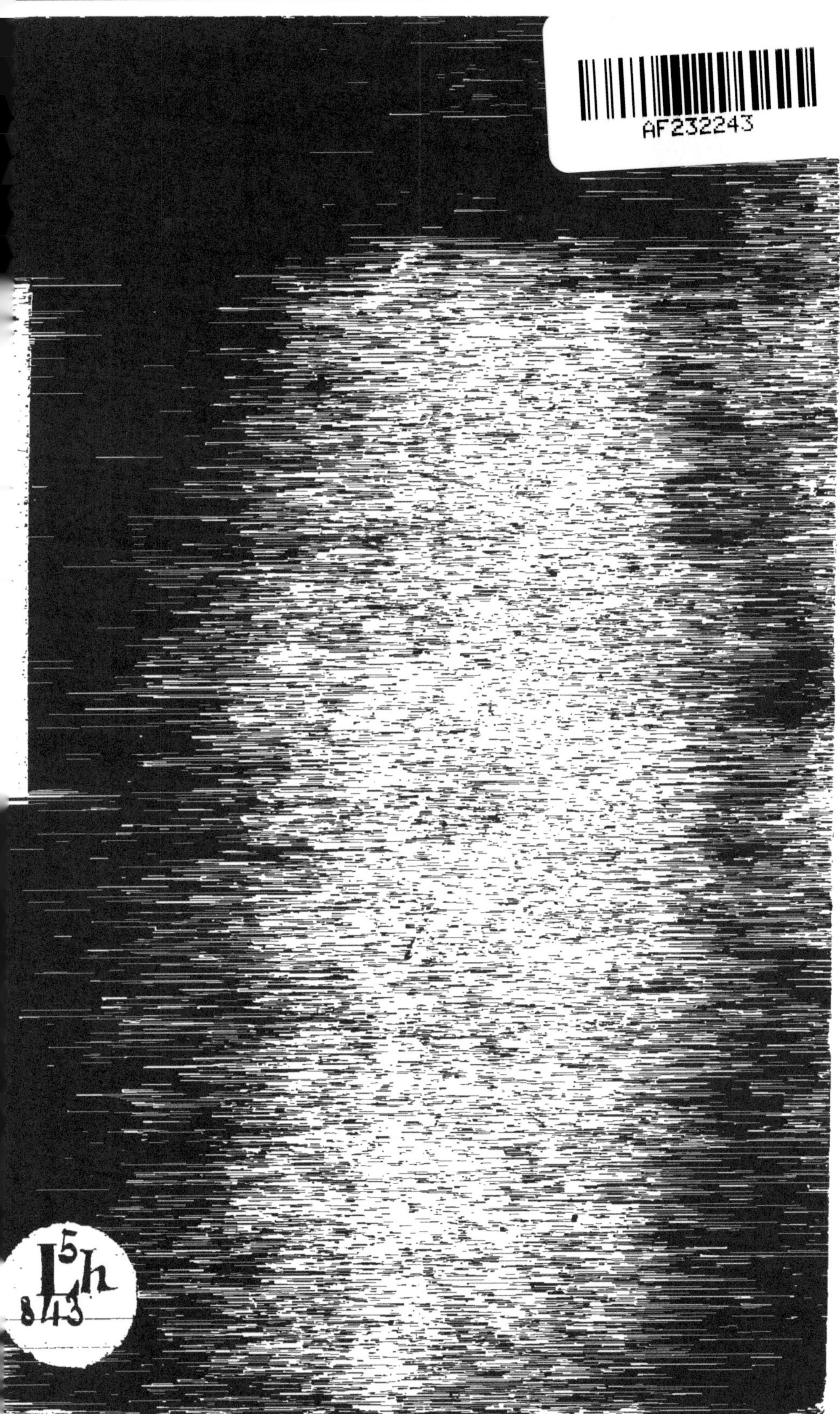

RELATION DU COMBAT

DE

VILLERS - BRETONNEUX

ACCOMPAGNÉE

D'UNE PETITE CARTE DU SANTERRE

indiquant les positions respectives de l'armée française
et de l'armée prussienne
pendant la journée du 27 Novembre 1870.

D'UN PLAN TOPOGRAPHIQUE TRÈS-COMPLET

DU

CHAMP DE BATAILLE

ET

DE LA LISTE DES SOLDATS FRANÇAIS

morts sur le Champ de Bataille
ou dans les ambulances de Villers-Bretonneux, de Cachy et de Gentelles.

PAR M. PÉCOURT

PRIX : 75 centimes.

EN VENTE

Chez l'Auteur, à Villers-Bretonneux (Somme) et chez les principaux Libraires.

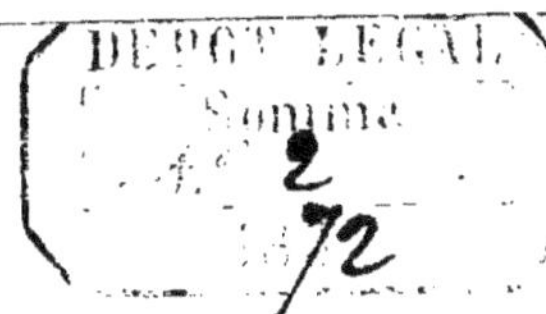

AVANT-PROPOS

Dans les différents combats qu'elle a livrés à
l'ennemi, l'Armée du Nord a montré une bravoure
à laquelle on a rendu un juste hommage. De leur
côté, les populations reconnaissantes ont tenu à
honorer la mémoire des soldats qui ont succombé
dans la lutte, et des monuments se sont élevés ou
vont s'élever sur leurs tombes. Qu'il soit permis
à un simple citoyen de venir à son tour, en racon-
tant ce qu'il a vu ou ce qu'il a appris par des témoi-
gnages incontestables, offrir aux familles le souvenir qu'elles réclament depuis longtemps, et dont
la place est marquée d'avance au foyer domestique

RELATION DU COMBAT

DE

VILLERS-BRETONNEUX

Livré le 27 Novembre 1870.

Des revers inouïs venaient d'accabler notre pays. Une fois encore, l'ennemi foulait le sol de la France, et déjà notre anxiété était grande, lorsque la reddition de Metz vint y mettre le comble. C'est alors que la première armée prussienne, commandée par Manteuffel, s'avança vers la Picardie. Rien ne semblait devoir lui résister, et cependant les provinces nouvellement menacées se préparèrent à la lutte.

Aussitôt que la défense commença à s'organiser, des troupes, placées sous les ordres du colonel Du Bessol, furent cantonnées à Villers-Bretonneux et à Corbie, ainsi qu'à Gentelles et à Cachy, afin d'arrêter, de ce côté, la marche de l'ennemi sur Amiens.

Celui-ci ne tarda pas à se montrer en forces à Villers-aux-Érables, où des francs-tireurs eurent avec lui un engagement dans la journée du 23 novembre. Le 24, nos troupes quittèrent leurs cantonnements pour se porter à sa rencontre. Elles l'atteignirent près de Mézières, et, après un brillant combat, le rejetèrent au-delà de Bouchoir, sur la route de Roye. Puis elles reprirent leurs positions, que l'ennemi menaçait de tourner, en s'avançant par la route de Péronne.

Mais déjà il occupait tout le Santerre, et deux jours étaient à peine écoulés, que les postes de Gentelles et de Boves avaient à repousser les attaques de deux colonnes ennemies. Une action générale devint imminente. Elle eut lieu le 27, et la commune de Villers-Bretonneux vit avec un légitime orgueil plusieurs de ses habitants prendre part à la lutte, et courageusement affronter le danger.

Les Prussiens ayant profité de la nuit pour occuper le bois de Hangard, ne tardèrent pas, lorsque le jour fut venu, à s'établir sur la hauteur en avant d'Ignaucourt, entre le bois de Morgemont et Marcelcave. Leurs troupes remplissaient les villages voisins, et ils avaient, en outre, vers Mézières, de très-fortes réserves, que cent pièces de canon pouvaient soutenir au besoin.

C'est devant un ennemi si nombreux et trop bien armé, que se trouvaient, en première ligne :

1° Le 20e chasseurs et le 43e de ligne, pour défendre les positions de Gentelles et de Cachy ;

2° Le 75e de ligne, en partie retranché sur le chemin de Boves, en avant de la gare ;

3° Le 2e chasseurs, aussi retranché sur le même chemin, mais en face du bois de Morgemont ;

4° Et quatre compagnies du 2e régiment d'infanterie de marine, dont les détachements étaient répandus sur tout le champ de bataille.

Ce corps occupait principalement les tranchées qui, sur la route de Péronne, défendaient l'entrée de Villers ; — le poste avancé de la briqueterie Leroy, au lieu dit *A Hesdin*, sur la même route ; — le pont de la Gare, — et les Buttes du chemin de fer.

Au pied de ces Buttes, formées de terres extraites de la tranchée du chemin de fer, se trouvaient des retranchements qui furent occupés par une compagnie du 2e chasseurs.

Dans l'espace resté libre, entre le 2e chasseurs et les Buttes, vint se placer une partie des 7e, 8e et 9e bataillons du 48e régiment des mobiles du Nord. Des compagnies de mobiles appartenant aux mêmes bataillons se trouvaient un peu en arrière de ces positions, avec un bataillon du 65e de ligne.

Sur la droite de Villers, derrière Cachy et Gentelles, les bois étaient gardés par un bataillon de mobiles du Nord, le 91e de ligne et des troupes que nous regrettons vivement de ne pas connaître.

Notre effectif, en y comprenant une compagnie du Génie, quelques dragons et quatre batteries des 12e et 15e d'artillerie, pouvait s'élever à dix mille hommes, parmi lesquels six à sept mille ont vaillamment combattu.

Telles furent les dispositions prises le dimanche 27 novembre 1870, lorsqu'on acquit à peu près la certitude qu'un combat sérieux allait s'engager. Ce jour là, un brouillard épais couvrait la terre, et empêchait de rien distinguer au-delà de deux kilomètres. Il nous fut donc impossible d'observer les mouvements de l'ennemi, et, comme l'heure était assez avancée, nous espérions encore passer tranquillement cette journée, lorsque la fusillade éclata en avant de la briqueterie Leroy.

Il était dix heures et demie.

Au bruit de cette fusillade, les deux compagnies d'infanterie de marine, d'abord placées à l'entrée du village, se portèrent en avant; puis, prenant le chemin de Hamel, allèrent se déployer en tirailleurs, parallèlement à la route. L'ennemi fit d'incroyables efforts pour atteindre la briqueterie, dont parfois il se rapprocha beaucoup ; mais, grâce à l'énergie, à l'agilité des soldats qui composaient ces deux compagnies, il ne put réussir à s'en emparer.

Bientôt après le début de cet engagement, on put distinguer, dans la direction d'Aubercourt, une colonne ennemie qui s'avançait vers les Buttes. Sa ligne de tirailleurs, qui s'étendait à droite et à gauche des chemins d'Ignaucourt à Corbie et à Villers, avait un développement considérable. Ne voulant pas dépenser inutilement leurs munitions, les défenseurs du pont ne se pressèrent pas d'ouvrir le feu contre elle, de sorte qu'elle put arriver paisiblement jusqu'au chemin de Boves, dont la distance aux Buttes est d'environ 800 mètres. Alors eut lieu une première décharge, à laquelle l'ennemi riposta vigoureusement. Mais, cachés dans leurs retranchements, nos soldats ne recommencèrent à tirer que lorsqu'ils le virent à 500 mètres de leur position. Bien sûrs alors que tous leurs coups porteraient, ils engagèrent avec lui cette fusillade terrible, incessante, que nous avons entendue, et dont nous ne perdrons pas de si tôt le souvenir.

Près de la, le 2ᵉ chasseurs soutenait une lutte acharnée contre les tirailleurs prussiens répandus sur la lisière du bois de Morgemont. Mal protégé par des retranchements insuffisants, il lui était difficile de rester uniquement sur la défensive : aussi essaya-t-il plusieurs fois d'enlever à l'ennemi une position dont celui-ci tirait un immense avantage. Mais, soit debout et le front haut, défiant les balles ennemies, soit en se traînant par terre afin de dissimuler leurs mouvements, jamais nos intrépides chasseurs ne purent franchir le mur de feu qui se dressait devant eux à l'approche de ce bois. Pourtant ces tentatives infructueuses ne les rebutèrent pas, et le succès aurait probablement couronné leurs efforts, si le signal de la retraite ne leur avait été trop tôt donné. Ils n'étaient plus alors séparés du bois que par une distance de 60 mètres.

Témoins d'une si étonnante bravoure, les mobiles placés sur le petit chemin d'Ignaucourt ne tardèrent pas à prendre la part la plus active au combat. Mais, dans quelles conditions ! Soldats d'un jour, non encore exercés et n'ayant, pour se défendre, que des armes reconnues défectueuses, il leur fallait tenir tête à un ennemi non-seulement bien équipé, mais encore aguerri par une campagne de plusieurs mois. Si l'on considère, en outre, qu'ils se trouvaient exposés à un feu d'artillerie des plus meurtriers, dans une plaine toute nue et qui ne leur offrait aucun abri, on s'étonnera, non de l'hésitation qu'ils montrèrent au commencement de l'action, mais bien plutôt du courage dont ils donnèrent des preuves incontestables jusqu'à la fin de la journée (1).

En même temps qu'avait lieu l'attaque contre la briquete-

(1) Qu'il nous soit permis de rapporter ici deux traits capables de nous bien pénétrer de l'esprit dont l'Armée du Nord était animée.

Jaloux de prendre part à la défense de notre malheureux pays, le comte de B. avait accepté le commandement d'un bataillon de mobiles. Il avait sous ses ordres, en qualité de capitaine, son plus jeune fils, âgé de vingt-cinq ans. Au moment où la lutte prenait un caractère particulier d'intensité, où les obus et les balles pleuvaient de toutes parts, il l'aperçoit, l'appella, et lui indique une position qu'il s'agit de défendre à tout prix. « *J'y vais, père*, répond le brave capitaine ; *mais ça chauffe dur !* » Quelques instants après, une balle vient le frapper en pleine poitrine et l'étend raide mort... Et le pauvre père, faisant taire la voix de son cœur pour n'écouter que celle du devoir, se refuse la suprême consolation de serrer une dernière fois dans ses bras le corps inanimé de son héroïque enfant. Un médecin est chargé par lui de mettre en lieu sûr sa précieuse dépouille, et, l'épée à la main, il continue de combattre. Et ce n'est qu'après avoir assuré la retraite de son bataillon, qu'il dit : « *Maintenant, je puis pleurer mon fils !* »

rie Leroy, une colonne prussienne venue de Domart échangeait ses premiers feux avec les avant-postes du 20e chasseurs. Celui-ci était à peine remis de son engagement de la veille, lorsqu'il fut rappelé sur le champ de bataille. Néanmoins, le désir de vaincre encore soutenant son courage, il réussit, pendant trois heures, à repousser les attaques de l'ennemi. Mais l'artillerie française, qui aurait dû venir le protéger contre la batterie prussienne établie sur la hauteur de l'ancien bois de Domart, ne vint pas, et il dut se replier. C'est alors que Gentelles tomba au pouvoir de l'ennemi.

Ainsi fut déçu dans son attente le bataillon du 43e de ligne, auquel avait été confiée la défense de Cachy.

Le 43e de ligne était commandé par un de ces hommes trop rares qui, s'oubliant eux-mêmes, ne semblent vivre que pour les autres : cet homme était M. Roslin. Le peu de jours qu'il a passés à Villers ont suffi pour lui gagner toutes les sympathies. En le voyant si bon, si plein de sollicitude pour ses soldats, on sentait qu'ils devaient l'aimer, et, qu'au besoin, ils se feraient tuer pour lui. Aussi, n'avons-nous été nullement surpris d'apprendre les prodiges de valeur accomplis par eux dans cette journée. Pour nous, cela devait être, avec un chef tel que lui.

Ayant à défendre une position ingrate que labouraient de leurs obus, la batterie prussiene du bois de Domart et celle établie entre les bois du Fleye et de Hangard, à gauche du chemin de Villers à Domart, le 43e de ligne dut, pour s'y maintenir, s'inspirer d'un courage bien extraordinaire. Toujours harcelé par l'infanterie prussienne, qui, aussitôt repoussée, trouvait un abri dans le petit bosquet du Fleye ou derrière les accidents de terrain de cette

Pendant que cette scène se passait sur le champ de bataille, une autre non moins touchante avait lieu, à quelques pas de là, dans une ambulance volante établie à l'entrée du village. Un jeune sergent, fourrier au 7e bataillon de mobiles, Louis Coisne, d'Armentières, blessé très-grièvement, ayant demandé lui-même et reçu les secours de la religion, faisait cette sublime réponse à un de ses camarades : « *Tu diras à mes parents que je meurs en bon chrétien et en bon soldat, après avoir fait mon devoir.* » — « *Au moins si tout allait bien !* » ajoutait un jeune officier du même régiment, couché près de lui et baigné dans son sang. Telles paroles, qui révèlent de grandes âmes comme de grands cœurs partie du champ de bataille, il essaya plusieurs fois d'en finir, en attaquant ces positions à la baïonnette ; mais alors la fusillade ennemie prenait de telles proportions, qu'il fallut renoncer à l'idée de les enlever. C'est dans la première de ces tentatives si hardies, que tomba, pour ne plus se relever, le commandant Roslin. Deux balles l'avaient frapppé en même temps ; et, comme ses soldats voulaient le relever, sentant venir sa dernière heure, il leur dit : « *C'est inutile, mes enfants... je suis perdu... laissez-moi mourir.* »

Pour nous, il n'est pas douteux que là, comme au bois de Morgemont, l'ennemi ne dissimulât ses forces, et qu'il n'attendît que le moment favorable pour nous écraser sous le nombre. Mais ce calcul fut déjoué, grâce aux renforts qui arrivèrent du bois l'Abbé et même de Boves, car le 2ᵉ chasseurs secouru, près du moulin de Cachy, par des mobiles du Nord qui firent bravement leur devoir, put reprendre l'offensive, et bientôt l'ennemi, repoussé de Gentelles, se retira vers Domart. Quant au 43ᵉ de ligne, il fut appuyé par une compagnie du 91ᵉ et ne fléchit pas. Cachy ne fut donc pas occupé ; mais il souffrit cruellement de la fureur des Prussiens, qui l'accablèrent de leurs obus, et ce fut à la lueur sinistre des incendies allumés par ces projectiles, qu'ils opérèrent leur retraite.

Pendant que la fusillade éclatait ainsi de toutes parts, le 75ᵉ de ligne, en observation devant le bois de Hangard, attendait avec impatience le moment d'en venir aux mains avec l'ennemi, et celui-ci n'eut pas plutôt commencé son mouvement offensif, qu'il se vit refoulé dans le bois. En vain essaya-t-il encore de résister : attaqué à la baïonnette, il ne put trouver son salut que dans la fuite, et alla, deux kilomètres plus loin, se réfugier dans Hangard et Demuin, annonçant l'intention formelle de bombarder ces deux villages, si les Français y pénétraient. Mais, avec le bois de Morgemont et la vallée du bois de Domart remplis de soldats ennemis, non-seulement nous ne pouvions les y poursuivre, mais encore il aurait été imprudent de rester dans le bois de Hangard. Le 75ᵉ de ligne vint donc reprendre ses positions.

N'oublions pas de mentionner ici une compagnie du 65ᵉ de ligne, pour la part qu'elle prit à ce glorieux engagement. En s'avançant par le chemin de Domart, elle vint, de ce côté, prolonger notre ligne de tirailleurs, et inquiéter très-fort la batterie prussienne établie dans cette direction. Aussi cette batterie dut-elle changer de position, en se portant vers le bois du Fleye.

Autant notre infanterie se distinguait par son audace, autant l'artillerie française étonnait l'ennemi par la justesse de son tir, car elle fit subir à la sienne des pertes sensibles.

D'abord, deux batteries de 4 furent placées un peu en arrière du chemin de Boves, l'une sur la route de Doullens à Moreuil, pour répondre au feu des deux batteries prussiennes établies entre le bois de Morgemont et Marcelcave, l'autre (la batterie *ter*) pour combattre celle du chemin de Villers à Domart. Un peu plus tard, arriva une batterie de 12 qui prit place en avant des gros poiriers, à gauche de la route de Doullens à Moreuil, à 400 mètres environ du pont de la gare, et alors commença un véritable duel d'artillerie entre les deux armées.

Écrasée par le feu de nos pièces, la batterie prussienne du bois de Morgemont ayant vu sauter un de ses caissons, se retira vers Aubercourt, toujours poursuivie par nos obus. Elle fut aussitôt remplacée par une autre, qui se tint prudemment un peu en arrière, près du chemin de Marcelcave à Demuin, entre les deux chemins d'Aubercourt, à Villers et à Corbie.

Vers une heure de l'après-midi, de nouvelles pièces ennemies vinrent s'appuyer contre Marcelcave, afin de prendre les Buttes en enfilade, de sorte qu'après l'arrivée de la batterie prussienne de la réserve, placée de l'autre côté du chemin de fer, trente-deux bouches à feu vomirent la mort de ce côté de Villers. Nous avons vu de trop près éclater les obus, pour ne pas comprendre l'herreur que dut alors inspirer un champ de bataille excessivement restreint et tout remué par ces terribles projectiles. Aussi, ne pouvons-nous taire notre admiration pour les braves qui, dans cette mémorable journée, ont su faire leur devoir.

La vivacité de la lutte engagée sur la route de Péronne devait faire appréhender que l'ennemi ne parvînt, de ce côté, à forcer la position de Villers, et il est permis de penser que c'est en prévision d'une semblable éventualité, qu'une batterie de 8 avait été tenue en réserve. On dut en effet y avoir recours, lorsque les Prussiens ouvrirent le feu des pièces qu'ils avaient placées près de Marcelcave, à droite et à gauche de la ligne du chemin de fer. Amenée près de la briqueterie ou du moulin de M. Catel, au lieu dit *Le Vallard*, cette batterie fut d'un puissant secours pour notre aile gauche, dont elle redoubla l'ardeur. Aussi, toujours serré de plus près, l'ennemi commença-t-il à reculer. C'est alors que, précipitant leur marche, nos deux compagnies d'infanterie de marine menacent tout à la fois sa cavalerie, son infanterie et son artillerie. Le désordre qu'une si brusque attaque porta dans ses rangs fut telle, que, laissant deux de ses pièces sur le terrain, il s'enfuit avec les autres. L'infanterie prussienne alla se retrancher derrière les haies et dans les premières maisons de Marcelcave, où, à une heure aussi avancée (il était quatre heures), et avec si peu de monde, nous ne pouvions la poursuivre. On se contenta de garder le passage à niveau par lequel elle s'était retirée, en occupant le bosquet voisin.

Témoin de cette action vigoureuse, un officier prussien en avait été si fort impressionné, que, le soir de la bataille, il ne pouvait s'empêcher de répéter : « *Quels soldats ! ce ne sont pas des hommes, mais des lions !* »

Nous avons quitté les défenseurs des Buttes aussitôt après les avoir vus s'engager avec l'ennemi. Depuis lors, les mobiles du petit chemin d'Ignaucourt, se mettant de la partie, lui avaient disputé le terrain pied à pied, et enfin étaient parvenus à le repousser au-delà du chemin de Boves. Mais les renforts que l'ennemi reçut lui permirent bientôt de reprendre l'offensive, et, au moment où nous jetons les yeux sur cette partie du champ de bataille, nous voyons nos troupes refoulées, et le cercle de feu qui entoure les Buttes se rétrécir de plus en plus. La situation des braves qui défendaient cette position devint alors d'autant plus critique, que les munitions commençaient à leur manquer (1).

Les Prussiens devinèrent-ils la cause du ralentissement de notre feu? Il est permis de le croire, car on les vit alors montrer une bravoure en dehors de leurs habitudes. Reçus à bout portant ou repoussés par nos baïonnettes, ils se retirèrent à distance pour recharger leurs armes, et, deux fois encore, ils revinrent à l'assaut, mais sans plus de succès. Pourquoi faut-il qu'un cri d'alarme ait été entendu sur le pont: « *Nous sommes cernés !* » Il n'était que trop vrai, d'ailleurs, que, vers Marcelcave, un peu au-dessus des Buttes, les Prussiens avaient forcé la ligne du chemin de fer, et que cette position était tournée. Elle fut donc abandonnée par nos troupes, et immédiatement occupée par l'ennemi. Mais, cette retraite n'étant pas suffisamment justifiée, ordre fut aussitôt donné de la reprendre.

A pied — car son cheval avait été tué pendant l'action — l'épée à la main, le colonel Du Bessol entraîne ses hommes vers les Buttes, et tous, infanterie de marine, 65e de ligne et mobiles, se ruent sur l'ennemi.

Nous renonçons à décrire les péripéties de ce drame épouvantable, car, au pied comme au sommet des Buttes et sur la ligne du chemin de fer où roulaient les combattants, la mêlée fut affreuse.

Nous l'emportons enfin, et, en même temps que l'ennemi est repoussé sur la droite du chemin de fer, le détachement prussien qui avait forcé cette ligne est obligé de battre en retraite, poursuivi par une compagnie de chasseurs ou par la compagnie du Génie.

Sur la droite de Villers, le 75e de ligne, attaqué de nouveau, continuait de combattre avec beaucoup d'ardeur ; et, quoiqu'il eût devant lui des forces considérables, il parvint non-seulement à les maintenir, mais encore à les refouler. C'est alors que le général Farre, passant près d'une ancienne briqueterie qui se trouve aux environs du passage à niveau de la gare, rencontre une compagnie du 75e de

---

(1) Il était alors deux heures et demie environ, et M. de Courson, aide-de camp du colonel Du Bessol, se trouvait à la Mairie pour recueillir celle qui avaient pu être laissées par les soldats.

ligne qui s'y trouvait en réserve, et, tout joyeux, lui dit :
« *Que faites vous donc là ? En avant ! tout va bien ! les Prussiens reculent !* » Il était alors deux heures et demie ou trois heures.

Ainsi, partout s'accusait la valeur de nos troupes, et nous aurions pu compter une victoire de plus, si les munitions ne nous avaient pas manqué (1). Elles nous devenaient d'autant plus nécessaires, que l'ennemi avait réussi à établir une nouvelle batterie à l'extrémité du bois de Hangard, vers Cachy, et que sa réserve arrivait à marche forcée.

Or, avant quatre heures, la première batterie de 4 avait ses caissons vides et se retirait ; pour le même motif, la batterie *ter* ne tarda pas à quitter le champ de bataille. Le jour commençait à baisser, et le colonel Du Bessol, atteint d'une balle dans les reins, se voyait obligé de céder son commandement. C'est alors aussi que le 75ᵉ de ligne, écrasé par le nombre et manquant de cartouches, commença à se replier, tandis que le 2ᵉ chasseurs, vivement attaqué du côté de Marcelcave, se portait vers le bois Berthe.

Comme les troupes qui se trouvaient sur la gauche de Villers, en avant du chemin de fer, pouvaient être bientôt cernées par l'ennemi, la retraite fut ordonnée. Elle fut principalement soutenue par les soldats de l'infanterie de marine et du 2ᵉ chasseurs. Mais ces deux corps ne furent pas les seuls qui, dans ce douloureux moment, donnèrent des preuves de bravoure et de dévouement. On a vu des mobiles, abrités derrière quelques planches et entourés d'ennemis, oublier le danger pour ne songer qu'à combattre. On en a vu d'autres, couchés par terre, ne tirer sur l'ennemi qu'à cinquante pas, parce que telle était la consigne.

Toujours combattant, nos troupes se replient sur Villers, et la ligne du chemin de fer voit s'accomplir de nouveaux

---

(1) Un soldat de la compagnie dont nous venons de parler, nous a dit, à ce sujet, que deux caissons de munitions destinées à l'infanterie avaient probablement été perdus, parce que les chevaux qui y étaient attelés s'étaient emportés.

prodiges de valeur (1). La batterie de 12 a repassé cette ligne, et vient balayer de sa mitraille les Buttes, dont l'ennemi s'est de nouveau emparé. Mais, par trois fois, il est obligé d'en descendre, et ce temps d'arrêt imposé à sa marche suffit à nos troupes pour se reformer. A leur tour elles protégent nos pièces, qui peuvent, toutes, reprendre le chemin de Corbie, et déjà elles étaient bien loin que la fusillade durait encore. D'ailleurs, l'ennemi avait été si fort éprouvé, que, malgré la nombreuse cavalerie dont il pouvait disposer, il ne songea point à inquiéter notre retraite, et ne fit que peu de prisonniers.

Ainsi se termina le combat de Villers-Bretonneux, dans lequel 6 à 7,000 Français tinrent tête, pendant toute une journée, à une armée qui ne comptait pas moins de 25,000 hommes. La victoire nous a échappé, il est vrai ; mais à quoi s'en prendre, si ce n'est au manque de munitions? Au moment où elles nous ont fait défaut, l'ennemi était partout repoussé, et le jour tirait à sa fin.

500 morts et plus de 1200 blessés, tel fut, pour l'ennemi, le prix de la victoire. Mais qui pourrait nous consoler .de la perte des 140 Français trouvés morts sur le champ de bataille? Et, parmi les 7 à 800 autres qui ont été atteints par les projectiles ennemis, combien encore ont payé de leur vie leur dévouement à la plus sainte des causes? Ah! puissent de tels sacrifices n'être pas inutiles, et attirer enfin, sur notre chère patrie, des jours meilleurs !

---

(1) Ils étaient trois chasseurs, entourés d'ennemis qui n'en voulaient qu'à leur liberté, et la fuite n'était pas possible : deux se rendent. Quant au troisième, la rage dans le cœur, il frappe, il frappe toujours de sa terrible baïonnette, jusqu'au moment où, atteint mortellement, il tombe pour ne plus se relever. O Armée du Nord, oui, tu as bien mérité de la patrie. et que tes exploits en ce jour devaient nous donner d'espérances !

LISTE DES SOLDATS FRANÇAIS
MORTS SUR LE CHAMP DE BATAILLE
DE
VILLERS-BRETONNEUX
OU
Dans les Ambulances de Villers-Bretonneux,
de Cachy et de Gentelles, des suites de leurs blessures.

Les noms précédés d'une astérisque sont ceux des soldats morts sur le champ de bataille.

LISTE DE VILLERS-BRETONNEUX.

Infanterie de Marine,
2ᵉ Régiment, 8ᵉ Bataillon.

* FOUREL, *sergent-fourrier*.
* GAUTIER, Alphonse.
* MIRONNEAU, Jean.
* ROBERT, Jean-Baptiste.
* Six inconnus. Nᵒˢ matricules 1070, 10760 et 10945.
BEAUBE, Alfred.
BLIESS, Joseph.
BOILARD, François.
CHENAULD, Jean-Marie, *caporal*.
COGNET, Claude.
CORNU, Victor.
DONOU, Julien.
DURET, Pierre.
GILET, Alexandre.
GUIGNARD, Jacques.
JALLET, Jean.
JOUAN, François, *sergent*.
LECOMTE, Jean-Joseph.
LEFRANÇOIS, Paul, *sous-lieutenant*.
MIGEON, Pierre-Théophile.
NICOT.
PUBERT, Marie-Jacques.
SAGEOT, *sergent*.

TEMPORAL, Pierre.
TEULIÈRE, Antoine.
TRUPIER, Louis.

Chasseurs, 2ᵉ Bataillon.

* LEBOUCHES, *caporal*.
* LEROY, Léon.
* LEROYER, *sergent*.
* LEVIEIL, Alfred.
* RAVENEAU, Auguste.
* Un sergent-major inconnu. nᵒ 773.
* Un caporal inconnu, nᵒ 3067.
* Vingt-sept inconnus. nᵒˢ matricules 396, 2281, 2306, 2331 ou 2339, 2507, 2569, 2611, 2754, 2770, 2794, 2957, 3210, 3261, 3267, 3382, 3434, 3501, 3620 et 3658.
CHEMAIN, Jules, *sergent-major*.
CHEVALIER, Alexandre.
CLÉMENT, Jules, *sergent-major*.
DELCOURT, Jules, *id.*
DEMOULIN, Pierre.
DESJARDIN, Pascal.
ÉMO, Achille-Louis.
FRÉAL, Pierre-Alexandre, *caporal*.
HUMEAU, Jean-André, *id.*
LETELLIER, Alfred.
RIVET, Firmin, *caporal-clairon*
ROSE, Narcisse.

SABIN, Auguste.
SOULABAILLE, Jean-Baptiste.
THOMAS, Nicolas.
WOLF.

73e de Ligne, 1er Bataillon.

* BLANKAERT, Jean-Baptiste.
* MERHANT, Dominique.
* Un caporal inconnu.
* Huit inconnus, nos matricules 5135, 5362, 5408, 5518, 6608 et 7742.
BÉRIOU, Augustin.
CALAMAND, Joseph.
CANONNE, Elie-Joseph.
CARNETTE, Pierre.
DELEDICQUE.
DUBOIS, Jules.
FOUILLAT, Louis.
GACHES, Dieudonné, sous-lieutenant.
HEUTE, Léon, id.
LOUIS, Victor.
POULAIN, Eugène.
SAMAYEAU, Henri.

65e de Ligne.

* AUBRY, Augustin-Victor.
* MONCHECOURT.
* Sept inconnus, nos matricules 2982, 5595 et 6417.
ALLAIN.
BARBIER DE VILLENEUVE, Paul, lieut.
BAUDRIER, Jules.
BOUTEL, César.
MAILLARD, Charles-Louis.
MARGA.
MONTHARUS, Antoine.

Mobiles du Nord, 18e Régiment

Bataillons divers.

* DEGAND, Pierre-Auguste.
* DEGARD.
* DELBASSE, Adolphe.
* FARINEAUX, Jules-Louis.
* LECAILLEZ.

* Douze inconnus, nos matricules 790 et 6683; l'un d'eux ayant une chemise marquée V. D. et un gilet de santé rouge.
BRIQUET.
DELCOURT, César.
LECERF, Joseph-Victor.
LEJUSTE, Corentin.
MOUZON, sergent.
PAPIN, Eugène.
POURPE, Adrien, lieutenant.
RATTIER.
ROGER, Léon.

Mobiles du Nord, 7e Bataillon.

* CRÉPIN, Jules.
* HASQUETTE.
* LECOCQ, Charles-Gustave.
• COIGNIET, Joseph.
COISNE, Louis, sergent-fourrier.
DELAVAL, Edouard.
HARDY, Louis.
NOÉ, Gustave-Jules.
RAFFY, Alexandre-Louis.

Mobiles du Nord, 8e Bataillon.

* CHOQUEL, Louis.
BUYSSENS, Augustin-Désiré.
DUTHOIS, Emile.
MAHIEUX, Henri.

Mobiles du Nord, 9e Bataillon.

* COCHETEUX, Alfred, lieut., offic. pay.
* DE BRIGODE, capitaine.
DELATTRE, Eugène.
* MARTINACRE, Alexandre, caporal.
BALLENGHIEN, Louis.
DELFOSSE, Louis.
DEVIENNE, François, caporal.
DUPONCHELLE, Paul.
• FONTENIER, Alexandre.
* GRAVELIN, mobile.
LECOCQ, Oscar-Désiré.
LELIÈVRE, Pierre.
* LESSIEUX, François.

MENU, Charles, *sergent.*
MORTELECQUE, Alexandre.
POULE, Désiré.
TAMPLEMAN, Narcisse.
VIRLET, Hector.
WAYMELLE, Constantin.

Corps divers.

Un lieutenant, supposé Tournebise, du 8e ou du 80e de ligne.
Un autre lieutenant (bonton du 6e de ligne).
Cinq artilleurs du 12e, 2878, 5682, 6167.
Un 1er soldat du génie, n° 2...
Un soldat du 15e d'artillerie.
Un brigadier, id.
BACQUET, Aimable, id.
GUIBERT, id.
DOMBON, de Lyon.
DUCROTOY, Émile, du 20e chasseurs.
CONCHARD, Julien, *brigadier.*
LE PURON, soldat de ligne.

LISTE DE CACHY.

ALDÉVIN, *mobile.*
BIENVENU, Mathurin, du 43e.
BLAIN, *s.-lieutenant,* id.
BONNET, Adolphe. id.
BOUCHÉ, id.
DENEUVILLE, id.
GREUX, Arthur, id.
GRINTEILE, id.
GUÉRIN, Jean, id.
HERBIN, *lieutenant,* du 20e chasseurs.

PHILIPPIN, du 43e
RINGARD, id.
ROCHETTE, *sergent,* id.
ROSLIN, *chef de bataillon,* id.
Un caporal (6163), id.
Un inconnu, *mobile.*
Un autre, du 20e chasseurs.
Six inconnus, du 43e, nos 2, 1722, 3367, 5799, 6137, 7155.
SAINT-AUBERT, *mobile.*
DE BONJOL, *sergent,* du 48e.
FAYART, id.
GAUVELLE, id.
GÉRARD, *mobile.*
HOUVAIN, 43e
JOUVAINROUX, *s. lieut.,* id.
LEBLANC, *caporal,* id.
PLOUVIER, id.
SERVANT. id.
VENET, *mobile.*
VERDIÈRE, du 43e.
VERECQUES, du 20e chasseurs.

LISTE DE GENTELLES.

CAILLOUX, du 20e chasseurs.
RODRIGUE, Fernand, id.
Huit inconnus, id.
BONNEAU, Pierre, du 20e chasseurs.
BOSSERELLE, Hilaire, id.
DUSALIER, Jean, id.
TEXTER, Joannin, id.
Un inconnu (280), du 43e.
Un autre, du 24e.

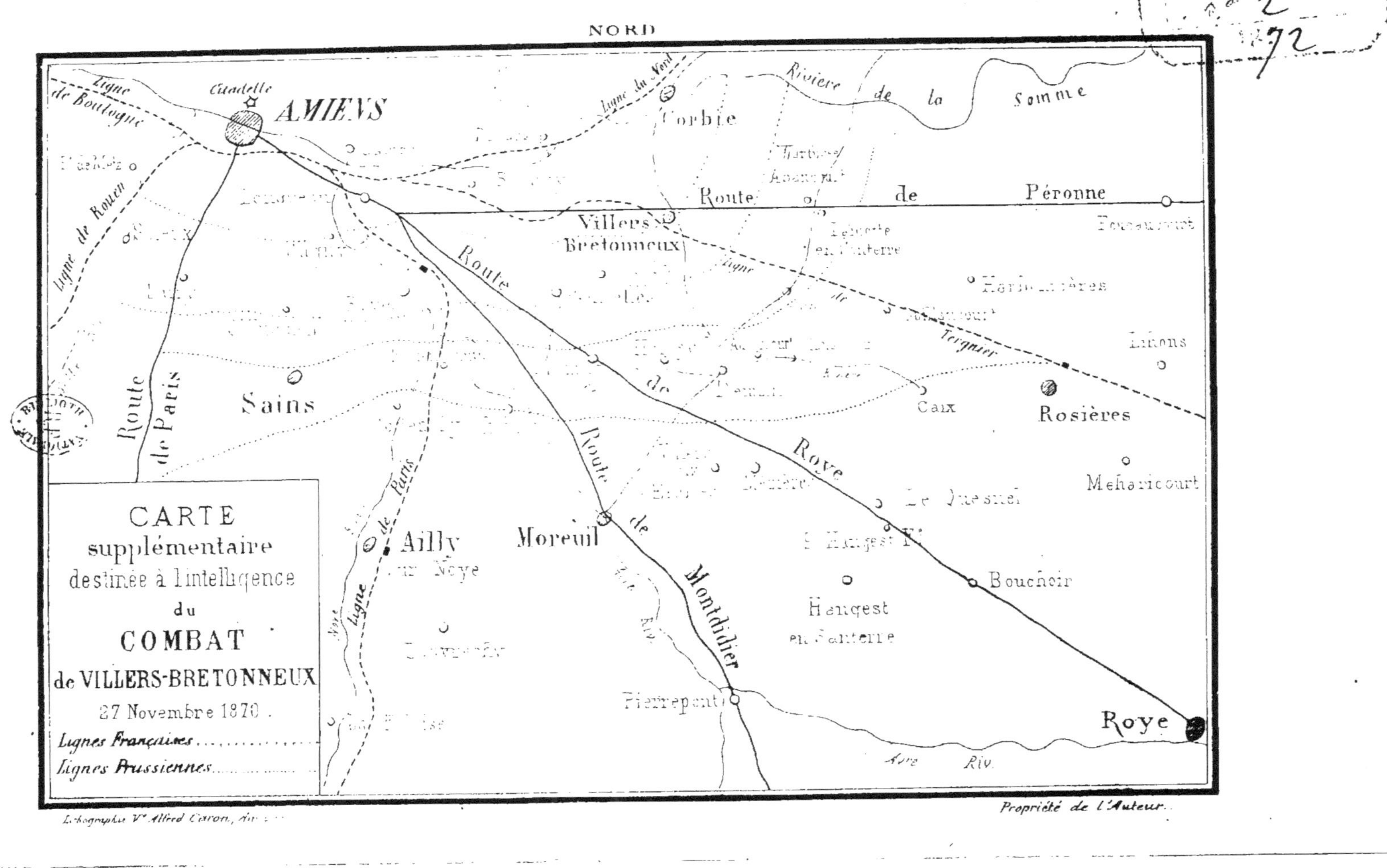

NORD
Ligne de Boulogne
Citadelle
AMIENS
Ligne de Rouen
Ligne du Vent
Corbie
Rivière de la Somme
Route de Péronne
Villers-Bretonneux
Harbonnières
Ligne
Tergnier
Liхons
Route de Paris
Sains
Caix
Rosières
Route
de
Roye
Méharicourt
Le Quesnel
Route
Hangest
Bouchoir
Moreuil
de
Ailly
sur Noye
Ligne de Paris
Route
Montdidier
Hangest
en Santerre
Pierrepont
Avre Riv.
Roye
CARTE
supplémentaire
destinée à l'intelligence
du
COMBAT
de VILLERS-BRETONNEUX
27 Novembre 1870.
Lignes Françaises..............
Lignes Prussiennes..............
Lithographie Vᵉ Alfred Caron, Amiens
Propriété de l'Auteur.

27 Novembre 1870
CHAMP DE BATAILLE DE VILLERS-BRETONNEUX
PLAN DRESSÉ PAR M. PÉCOURT, INSTITUTEUR DE CETTE COMMUNE.

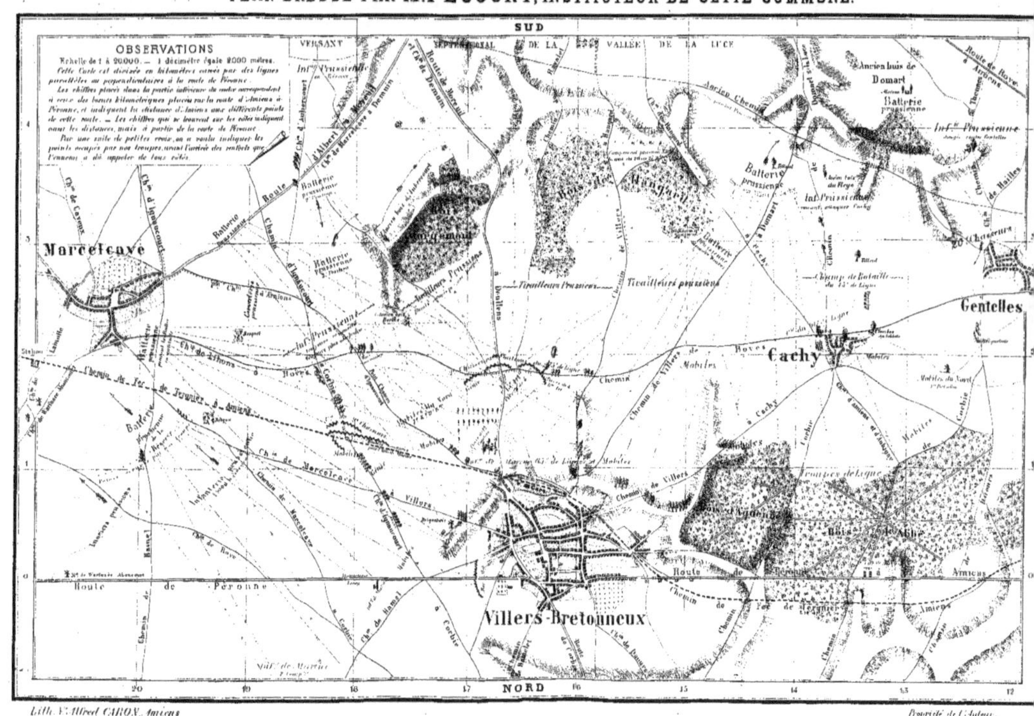

Relation du Combat de Villers Bretonneux

0

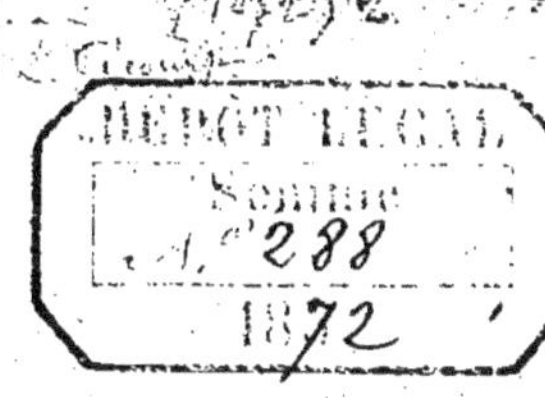

SUPPLÉMENT

A LA RELATION

DU

COMBAT DE VILLERS-BRETONNEUX

———

Pour compléter notre récit, nous croyons devoir publier les lettres suivantes, dont nous conservons précieusement les originaux.

Ministère de la Guerre. — État major général.
Cabinet du Ministre.

———

Versailles, le 22 Janvier 1872.

A M. L. Pécourt, instituteur à Villers-Bretonneux (Somme).

Monsieur,

J'ai reçu l'exemplaire que vous m'avez fait l'honneur de m'adresser de votre relation du combat de Villers-Bretonneux.

Je vous remercie de cet envoi, et je vous félicite des sentiments patriotiques avec lesquels vous avez écrit le récit d'une journée où se sont glorieusement affirmés le courage et le dévouement de nos soldats.

Recevez, etc...

Le Ministre de la Guerre,

G^{al} DE CISSEY.

Apostillé de la main de
M. le Ministre:

Cette narration est déposée au dépôt de la guerre, et sera utilisée pour la rédaction de l'historique de la campagne contre l'Allemagne.

G^a DE CISSEY.

Brest, le 27 Février 1872.

A M. le Curé de Villers-Bretonneux (Somme).

MONSIEUR LE CURÉ,

Je viens de recevoir de votre part, de M. le Sous-lieutenant Colin, quarante petites images commémoratives de la bataille de Villers-Bretonneux, et une petite brochure faite par M. Pécourt, instituteur dans votre commune, relatant les faits principaux de cette bataille.

Je vous remercie, Monsieur le Curé, pour les images . . . . . elles font des heureux des quelques soldats qui sont encore ici, ayant combattu à Villers-Bretonneux. Ils croyaient que tous leurs efforts et leur dévouement pour la patrie, dans cette campagne du Nord, étaient passés inaperçus pour tous, au milieu de tant de calamités, et l'on voit qu'ils sont contents qu'on ait pensé à eux.....

Malheureusement, il ne nous reste plus beaucoup de nos braves combattants de Villers. Une bonne partie de ceux qui ont échappé aux projectiles prussiens, dans cette première affaire, sont tombés soit à Pont-Noyelles, soit à Bapaume, soit à Saint-Quentin, soit enfin contre la Commune, à Paris ; d'autres, en rentrant au port, ont été envoyés dans les colonies.....

J'ai lu avec beaucoup de plaisir la petite brochure de M. Pécourt, dans laquelle tous les faits sont bien exposés, et où il donne impartialement la part de chacun dans cette malheureuse journée. Tous ces messieurs, à qui je la prête, la lisent avec beaucoup d'intérêt. J'espère, sous peu, en faire venir quelques-unes pour les envoyer en Cochinchine, aux capitaines des deux compagnies qui ont repoussé les Prussiens presque jusqu'à Marcelcave.

Je vous prie, etc...

KANAPLE,
Capitaine adjudant-major
au 2e régiment d'Infanterie de la Marine.

12e division militaire. — 1re subdivision.
Le Général commandant.

Toulouse, le 26 Mars 1872.

A M. D'Heilly, Maire, à Villers-Bretonneux (Somme).

MONSIEUR,

Je vous remercie d'avoir bien voulu songer à moi et de m'avoir envoyé une relation du combat de Villers-Bretonneux. C'était la première affaire de cette petite armée du Nord qui a fait ce qu'elle a pu, si on veut bien tenir compte de sa composition et de son effectif. Nous n'avions en effet que des conscrits de la dernière heure à opposer à l'armée allemande victorieuse de nos vieux régiments; un armement inférieur, des cadres incomplets et sans expérience, des armes de tous les calibres, une artillerie peu nombreuse et d'un calibre trop faible, et surtout une grande infériorité numérique, car l'auteur de la brochure, malgré sa conscience et son patriotisme, augmente le nombre de nos combattants. Ainsi, le 43e n'avait que deux bataillons et le 75e un seul, de sorte qu'à eux deux ils formaient à peine la valeur d'un régiment; le 65e n'avait que quelques compagnies, et, malgré cela, l'honneur a été sauf.

Nous en trouvons un témoignage irrécusable dans l'appréciation que les Allemands font de nos forces. *Rustow*, qui est loin de nous être sympathique dans sa *Guerre de 1870*, évalue l'armée qui a combattu à Villers-Bretonneux et Amiens à deux corps d'armée, soit *soixante-dix* ou *quatre-vingt mille hommes*, tandis que nous avions à peine un demi-corps d'armée. Il appelle grande redoute ce pauvre petit ouvrage à peine ébauché qui protégeait le pont du chemin de fer situé à l'est de Villers. Malgré cela, la perte momentanée de ce pont faillit nous être fatale. La compagnie qui le gardait se voyant criblée de boulets, descendit par le talus du chemin de fer sans qu'on pût s'en apercevoir. Les Prussiens s'en emparèrent, rapprochèrent leur artillerie et firent un feu terrible sur le 2e bataillon de chasseurs, qui eut son commandant blessé et beaucoup d'hommes hors de combat. C'est alors probablement que fut entendu le cri poussé sur le pont: *Nous sommes cernés*. Mais ce cri, tout à fait individuel, n'eut pas d'écho et n'eut aucune influence sur le résultat. Le recul était dû à la prise de la redoute et à la surprise du bataillon de chasseurs, privé de son commandant. C'est alors que je fus forcé de mettre l'épée à la main pour arrêter le désordre, et que nous reprîmes toutes les positions avec tant d'entrain. Mais — vous le savez comme moi — nous n'étions pas préparés à une longue lutte; nos munitions ne le comportaient pas, et vous vous rappelez sans doute que, la veille, je disais au Préfet d'Amiens, au moment où il portait à six ou sept mille au maximum le nombre d'ennemis que nous pouvions avoir devant nous: « *S'il y en a six ou sept mille, nous ne risquons rien; jusqu'à vingt mille, nous pouvons nous défendre; au-delà de vingt mille, c'est dangereux, notre position n'est pas assez forte.*

C'était là en effet le point capital. Obligé d'occuper Cachy et Gentelles jusqu'à Boves, d'un côté; de l'autre, jusqu'à Bray et Albert, la ligne était trop longue; de plus, elle était mauvaise. Elle eût été bonne pour une armée considérable, qui aurait porté la défense jusqu'à la tête des ravins qui forment le lit de l'Avre et de son affluent, la Luce; mais, avec notre petite troupe, nous aurions été trop en l'air, l'ennemi nous aurait tournés par *Harbonnières* et même par *Bray* et *Corbie*; notre retraite par les ponts du chemin de fer et ceux de la Somme eût été compromise. Cette nécessité de nous fortifier à gauche et de relier le tout nous maintint près de la ligne ferrée où nous n'avions aucun obstacle à opposer à l'ennemi, à qui nous abandonnions, dès le principe, les bois de *Hangard* et de *Morgemont*, qui nous eussent été si utiles avec un effectif plus fort. C'était un combat en plaine avec une rivière à dos, contre un ennemi plus nombreux, mieux armé et plus aguerri. J'avais demandé la ligne de la Somme, que les Prussiens n'auraient pas forcée. Vous le savez, le Préfet fut d'un avis contraire ; il est probable qu'il était guidé par les intérêts commerciaux que cette position semblait mieux couvrir, ou par une fausse appréciation de la position militaire.

Il n'est pas probable que, malgré tout mon désir, je puisse quitter mon poste en juillet. . . . . . mais je serai avec vous de cœur, car je me rappelle non-seulement votre charmant accueil, mais encore la bonne volonté et l'entrain que les habitants de Villers ont mis à nous aider dans nos travaux. De même, j'ai su leur dévouement pour les blessés. . . . . .

Il me reste tout au plus le temps de vous dire que j'ai lu avec le plus grand intérêt la brochure qui vous m'avez envoyée. J'en remercie l'auteur au nom de la petite troupe que je commandais.

Je vous prie, etc.

Tout à vous,

G^{al} DU BESSOL.

1989 — Amiens. Typographie Lambert-Caron.

BIBLIOTHEQUE NATIONALE DE FRANCE
3 7531 04324680 1

www.ingramcontent.com/pod-product-compliance
Lightning Source LLC
Chambersburg PA
CBHW071423030726
47594CB00006B/2552